As de cœur...

Lydia Montigny

As de cœur...

Quand le cœur est le plus fort...

©2017, Lydia Montigny

Editeur : BoD-Books on Demand, 12/14 rond-point des champs Elysées, 75008 Paris – France
Impression : BoD-Books on Demand, Norderstedt Allemagne
ISBN : 978-2-322-09972-6

Dépôt légal : Novembre 2017

VIENS…

Viens,
Sans détour, sans discours,
Simplement, sans atours,
De nuit ou de jour,
Là où l'on dit « toujours »…
Viens,
Au fond de tes yeux
Je fais un vœu
De mille reflets bleus
Entre la mer et les cieux…
Viens,
Même si l'été est polaire,
L'hiver extraordinaire,
Car seuls les mots sincères
Font vibrer l'imaginaire…

Accepter

... ne relève pas de la fatalité

mais de la détermination

à vouloir se battre et se relever...

DEVIENS MA SOLITUDE

Deviens cette solitude...
Cet instant si vide
Qui me comble de rien,
Cet abîme candide,
Radieux et divin,
Ce silence infernal
Transparent et fatal,
Ce moment de néant
Où ton cœur béant
Croit enfin que demain
Sera mon dessein...
Deviens cette solitude
Fugitive et légère
Je serai ta quiétude
Solitude... silence sur notre Univers...

Dis-moi que la nuit va venir
Que les rêves font fleurir
Comme les étoiles dans l'avenir,
Les strass de ton sourire,
La douceur de ton soupir…
Dis-moi que la nuit ne va pas finir…

PARTICIPE PASSE

Comme un loup égaré
Dans la forêt glacée
Je laisserais mon empreinte
Sur le sol enneigé
Hurlant une longue plainte
Que la lune entendrait…

Comme un grand magicien
Au regard magnétique
J'errerais sans fin
Dans un monde fantastique
Pour noyer le chagrin
D'avoir quitté ta main…

Comme une vieille photo
Qu'on frôle du bout des doigts
Les larmes couleraient parfois :
Pourquoi partir si tôt…
Comme un cri à la vie
Comme un nom à l'oubli,
Je veux juste croire
A la force de ma mémoire…

La délicatesse

est à la Parole

ce que la Tendresse

est au Geste...

OUBLIE

Oublie la foule
Qui t'entraine dans sa houle,
Cette course mécanique
Affolante hystérique…

Oublie tous ces horaires
Et jette-les, très haut en l'air,
Gomme scènes et schémas,
Va, libre, ne te retourne pas…

Oublie les « si » et les « pourquoi »
Les réponses sont là
Contre toi, dans tes bras,
Elle… elle n'oublie pas…

Dans l'espace absolu du silence
Où scintille ce sentiment intense,
Immense,
Comme essentiel de l'existence,
Je voudrais juste devenir
La douce lumière de ton sourire…

LA DOULEUR

La douleur n'oublie rien
Du chemin qui est sien,
Elle rampe à tes pieds
Comme une ombre d'acier...
Elle mord sans répit
En torture inassouvie
M'évanouissant encore
De ses éclairs dans le corps...

Elle ricane sans cesse
Mais j'ai fait la promesse
De ne pas lui céder
Ni de loin, ni de près,
Et regarde droit devant,
Toujours face au vent...

La douleur en silence ?...
Quelle belle insolence !
Je resterai debout
Sans plier les genoux,
N'essuierai même pas
Les larmes brûlant là
Car c'est sans le sourire
Qu'elles viendront mourir...

La Vie ?

Son essentiel est juste là, selon ce que chacun a vécu, a besoin, ou espère…

… le tout étant de vivre ces moments simplement, et intensément…

L'ENCRIER

L'avide encrier
A bu tous les mots
Collés à ma peau
Sculptés dans mon âme
Et dans mon cœur en larmes
Le sang d'encre a coulé…

L'envie de crier
De hurler à l'Univers
Ton nom dans ma prière,
De marcher à l'envers
Pour défaire un hier
Etre en vie et crier…

A l'encre j'écrirais
Comme l'amour s'écrirait
Comme mon sang coulerait
Alors peut-être, j'en mourrais…

SOLITUDINE...

Je me sens seule et perdue
Sur une île inconnue
Je me porte disparue
En attendant ta venue...

Puisqu'il manque un pas
A la gracieuse danse
Le rideau tombe sur l'Opéra
Je n'ai pas de chance…

Il manque des couleurs
Des empreintes, une voix,
Le frisson du bonheur,
Je ne dors pas…

Il manque sur le chemin
Une pierre, comme un destin,
Simplement prends ma main
Jusqu'à… un demain lointain…

Puisqu'il manque tant de temps
A notre fragile instant présent
Je n'ai pas lu ce mot sans bruit
Celui que tu n'as pas écrit…

Pour écrire de belles histoires,

Il faut de jolies couleurs,

A moins que ce ne soient les belles couleurs

qui fassent les belles histoires...

J'écrirai ton sourire
A l'encre de ma vie,
Je chanterai le ciel
Sous la plume du rire,
Le bronze de mes yeux
Ne fera pas de larme,
C'est l'arme du Zéphyr
Sur un arbre au soleil…

Je graverai ton nom
A la force des rêves
Et je n'aurai de trêve
Puisque c'est ma raison,
Si le temps me désarme
Je garderai ton sourire
Comme un joli secret
Et toujours j'écrirai…

Je ne crains plus demain
A l'aube de ton sourire
Mon cœur entre tes mains
C'est ma force, ton empire,
Mon chemin sans soif, ni faim…
Simplement… sois mon Lendemain

...I...

Puisque tu aimes la V **i** e
Plein soleil, pleine nu **i** t
En plein vent, sous la plu **i** e,
En silence, dans un cr **i** ...

Puisque tu aimes le bru **i** t
D'un cœur qui se blott **i** t
Dans tes bras, dans un n **i** d
Apprivoisant son Ou **i** ...

Serai-je un **i** nf **i** n **i**
Petit point sur ton *i* ?
Dis, si tu aimes la V **i** e,
Alors, tu m'aimes auss **i** ?!

APPRENDS-MOI …

Apprends-moi
A marcher sur un fil
Et dans une pirouette subtile
Allumer les étoiles étonnées…
… Je t'apprendrai à voler…

Apprends-moi
A compter sur mes doigts
Puis signer d'une croix
Et déchiffrer la vie…
… Je t'apprendrai le début de l'infini…

Apprends-moi
A parler tous les langages
Du plus beau au moins sage
En mille et une nuances…
… Je t'apprendrai mon silence…

Apprends-moi
A écrire le chaud et le froid,
La musique de ta voix
La couleur du bonheur…
… Je t'apprendrai par cœur…

LOGIQUE

Si tu gardes le Silence
Ton silence sera le mien…
Alors je garderai mon Secret
Et mon Secret sera le tien…

OXYMORE

J'ai mal du silence
Où se reflète l'image
Si sage de ton visage…
J'ai mal de ce vent
Qui sans cesse balance
La plume d'un oiseau blanc…
J'ai mal, mal de toi
Mais je ne crierai pas,
La douleur pleurera
Dès lors que tu liras
Le sanglot de ces mots…

Toi tendresse,
Toi caresse,
Toi moqueur,
Toi bonheur,
J'ai tant besoin de toi
Que tu saches que je suis là
Même si tu ne réponds pas
Même si tu ne me vois pas…
Je suis fragile, tu es la force
Je suis la sève, tu es l'écorce…
Serre-moi contre toi
Là, au creux de tes bras…
Toi sagesse,
Toi rieur,
Mes pensées ne cessent
Ni un jour, ni une heure
De te confier
Les instants de ma vie…
Jamais je ne t'oublierai
Toi, si doux, si gentil,
Toi, mon petit… OURSON !

PALETTE D'ESPOIR

J'ai cherché des couleurs
Pour refaire le monde
Un monde sans horreur
Sans haine immonde
J'ai trouvé des couleurs
De la paix, du bonheur
A force d'y croire
A grands coups d'espoirs
Le rouge a disparu
Le sang ne coulera plus

...AIR...

Elle erre dans l'erreur
Lasse du malheur
Qui lui fait horreur
Chaque jour, chaque heure…
Elle est la proie de l'escrimeur
Qui plante dans son cœur
L'épée de la douleur…
La douceur d'un éventreur
L'enlacerait de fleurs,
Lacérerait ses pleurs…
C'est l'irréelle erreur…
La maladresse, en toute candeur,
Mêle l'amère blancheur
Et le temps si voleur…
L'illusion erre en apesanteur…
Qui es-tu, modeste voyageur,
Joueur aux mille couleurs
Guérisseur de la peur ?
Elle errait dans l'erreur
Jusqu'au jour ravageur
Où le bonheur revint rieur,
Dans le ciel de son cœur…

Il y a des mots
Qui ouvrent des portes, c'est certain,
D'autres qui ouvrent les mains,
Et puis ceux qui, sans fin,
Battent dans ton cœur, divins...
Il y a des mots
Pour tout, pour rien...
... Invente le mien...

Dis-moi Non,
Pour que mes yeux furibonds
Soient des tornades sans fond,
Tu essuieras mes larmes
Du bout des doigts… quel charme !
Mais je ne dirai rien
Le silence le sait bien…

Dis-moi Oui
Pour que le parfum de la nuit
Coule en douceur, sans bruit,
Au creux de mon épaule…
Si telle est ta parole,
Ferme les yeux et souris :
Le soleil nous a fuis !

Dis-moi Oui
Comme un défi à la vie,
Dis-moi Non,
Cette rose aura ton nom
Pour un Non, pour un Oui,
J'écris ce que tu dis …

… Espérer…

C'est regarder un coucher de soleil

en imaginant

qu'il ne disparaîtra pas vraiment…

PETITE LUMIERE

Petite lumière, ne t'éteins pas
Parce que je crois toujours en toi

Si le soleil n'existe pas
Je marche encore, encore vers toi

Petite lumière de ma vie
La nuit, les rêves me sourient

Tu es ma force, ma magie
Si tu t'éteins, je meurs aussi

Soit l'étincelle qui vit ici
Et mon cœur brûlera sans bruit…

A BOB…

J'ai pris les émotions
Les peurs et les passions,
Sans raison ni déraison,
Et avec dérision
On me jette, c'est l'abandon…
Quelle grande désillusion !
Tu me parles de la guerre,
De ces fous sanguinaires,
Des animaux errants,
Du regard d'un enfant…
Ta blessure me ronge…
Tu me dis que les couleurs
Sont celles de la vie
Et que seul le bonheur
A la forme d'un oui…

Je ne suis qu'une éponge
Qui boit tous tes songes,
Tes craintes, tes colères,
Et tes larmes si amères…
Serre-moi fort dans tes mains
Pour que tombe une à une
Sur chacune des pages
La goutte d'un message…
Et là, chaque lecteur
Trouvera son bonheur…

La raison

semble parfois prendre un chemin

possible,

… mais l'impossible

n'en est pas

la raison…

… PERSONNE…

C'est le vent qui passe,
Le temps qu'on enlace…
Je cherche ton regard
Et ma vie s'égare…
Le vide se remplit
De ton absence et sans bruit
Je marche pieds nus
Sur un sol inconnu…
L'empreinte de mes pas
Jamais n'existera…

Avant d'être personne
Il faut être quelqu'un
Et si ton « non » résonne
Ton rêve dit « oui » enfin.
On est toujours quelqu'un
Dans un cœur, une main,
Quand on n'est plus personne,
C'est que le glas sonne…

Même si le vent passe
Mon cœur ne se lasse
Le temps danse sans bruit
Mais… à Personne ne le dit !...

1 TERRE NOTE

Je viens de l'Espace
Mon pays est de glace
Je me suis posée là
Un matin de frimas
Tu ouvrais la Fenêtre
D'Icônes sur un Ciel bleu
A cet instant peut être
Mon cœur aura pris feu

Je te regarde lire
T'interroger et rire
Et parfois la colère
Dans tes yeux sont éclairs…
Je reconnais ta voix
Aussi douce que l'ambre
Et chacun de tes doigts
Sur les Lettres et les Nombres…

Je suis en face de toi
Et dans tes yeux je vois…
Brise l'Ecran de Litotes
Je suis ton… 1-Terre-Note…

CANDIDE...

Entends-tu le pas sage
De l'elfe de passage
Dans ce blanc paysage ?
Il a fait un long voyage
A travers les âges
La candeur de son message
Est cette lueur sur ton visage...

DOMMAGE !

I. Si je dis : « la couleur de la nuit est noire »… Me crois-tu ?... Non ! bien sûr, c'est juste la vie sans le soleil…

II. Si je pense que « les songes naissent dans les yeux des rêveurs »… Me crois-tu ?... Non !... c'est juste une tendre flamme qui illumine ces regards…

III. Si j'écris dans le ciel ton nom en hiéroglyphes fantastiques… Me crois-tu ?... Non !... et pourtant… regarde les nuages…

IV. Si je compte de zéro à l'infini sans m'arrêter… Me crois-tu ?... Non !... c'est vrai qu'entre 0 et l'infini, il y a si peu…

V. Si je te dis que je t'aime, le jour, la nuit, dans le regard, dans un rêve, dans le ciel, de un à l'infini… Me crois-tu ?... Non ?... Dommage !...

Je te regarde et j'écris
J'écris ce que tu regardes…
Je lis ce que tu penses
Je pense ce que tu lis…
Ainsi nous comprenons
La valeur du silence et des mots…

Je te donne cette lettre
Ne l'ouvre pas
Elle parlerait peut-être
De quelqu'un que tu ne connais pas…

Je te donne ce flacon
Ne l'ouvre pas
Son parfum d'évasion
T'emporterait à jamais là-bas…

Je te donne mon cœur
Ne le ferme pas
Mais prends ma vie, mes bonheurs,
Sans toi, il ne battrait pas…

Dans les traces laissées par l'encre d'une plume, il y a : les sens, les contresens, les doubles-sens, les ressentis, les pressentis, les indécences, les consentis...

Dans les traces laissées par une larme sur un visage, il y a un sentiment, tout simplement...

UN CRI

Un cri dans le vide
S'enfuit et se brise
Son reflet livide
Ebahi me vise

Un cri dans la nuit
De douleur, de haine
S'effile sur la vie
Et s'emplit de peine

Un cri dans la vie
Explosion d'amour
Le silence m'a dit :
Crie dans son cœur : « Toujours » ...

« EN-CŒUR »...

Cœur contre cœur ?
L'accord d'un corps à cœur
Et d'un corps... par cœur...
Un corps à corps... encore...

SI

Si tu étais un habit
Tu serais ce grand pull
Si doux, si mou, si cool,
Où je me loverais
Quand le temps serait trop froid
Ou trop long, loin de toi…

Si tu étais un breuvage
Tu serais ce café
Ristretto, expresso ou corsé
Instant solo ou partagé,
Ou ce champagne frais
Fruité, à peine sucré…
Un toast, je te porterais…

Si tu étais une goutte
Tu serais un parfum
Que ta main laisserait sur ma main,
Ou cette perle salée
Que la vie aurait pleurée
Et sur nos corps, roulerait…
Si tu étais… Si !... Tu es…

J'ose à peine me réveiller
Tellement mon rêve était doux…
Dois-je déjà ouvrir les yeux
Pour savoir où je suis,
Ou écouter le bruit
Des oiseaux joyeux ?
Me rendormir serait fou !
Et pourtant… Je devinerai
Ton ombre près de moi…
Ne me réveille pas….

Apprends-moi le silence
Comme un doux pas de danse,
Des mots sans importance
Qui s'effacent d'une révérence...

Apprends-moi l'invisible,
La vibration sensible
De ton rire irrésistible,
Dans la nuit impossible...

Apprends-moi à écrire
Les lettres de l'avenir
Sur les lignes de ta main
De ta vie... et lire Demain...

Le Bonheur d'une vie

peut se résumer à une ligne simple et épurée,

tel le tableau qu'un artiste

nous laisserait le soin d'achever

à sa place...

Ce soir, je n'ai rien écrit…
J'ai regardé ma page blanche
Pleine de résignation et de silence…
Le stylo est tombé dans l'indifférence
Telle l'ivresse de la déchéance…
J'ai regardé dehors… Il fait nuit…
Mon regard a fixé ce point qui luit
Longuement… Sans ciller…
Une larme a coulé…
Ce soir je n'ai rien écrit
J'ai rangé ma page blanche
Le néant a sa revanche !
Rien… tu n'as rien vu, rien lu,
Les mots ont disparu dans l'inconnu…

Même si cette illusion
Ce rêve… cet espoir
Portaient ton nom
Malgré le désespoir
Je m'en serais voulu
De n'y avoir jamais cru…

« D'où viens-tu Petit Mot » ?

Je viens de cette plume
Tombée au clair de lune…
J'ai parcouru des idées
Noires, noyées et crucifiées,
Celles d'esprit de génies
Aux créations de folie,
Illuminations du hasard,
C'est dans l'air de l'art…

Je suis un mot si petit
Que trop peu l'on m'écrit…
La priorité m'est coupée
Dans des phrases indisciplinées,
On me tait entre parenthèses
Tel un bémol ou bien un dièse…
D'une virgule on me taquine
Et à un point, je m'incline…

Je suis un petit mot
Dans le son de ta voix
Ou sur la ligne, écrit là…
… Je te l'envoie… mais à personne n'en dis Mot….

Dans un regard,

on peut tout dire,

tout lire...

Rien n'y échappe,

tout y est...

Mais ne ferme pas les yeux...

Il serait facile de lire dans ton cœur !...

PASSION

Elle est cet immense frisson
De fièvre et de bonheur,
Les chaînes de la raison
S'enroulent là, sans peur…
C'est un grand feu sacré
Qu'on ne veut pas éteindre,
On s'y laisse consumer
Et on ne peut le feindre…
Elle n'a pas de limite,
Mais son vertige vite
Plongera dans l'abîme
Les cœurs battant le rythme
De cette fulgurante,
De cette foudroyante,
Inexorable douleur
Qui torture ton bonheur…

A la place d'un As
Je joue la dame de cœur
Dans une quinte flush bonheur
C'est la plus belle des couleurs !
Pour une main, pour un as,
Tu gagnes en douceur
Si ton roi est charmeur
Je pose un atout cœur…

A QUOI CA SERT …

A quoi ça sert de pleurer
Sur ce passé qui n'est pas mien ?
A quoi ça sert de regretter ?
Tu ne sais pas où va mon chemin.
Peut-être qu'on se retrouvera
Un peu plus loin, un peu plus tard…
En attendant cet instant là
Je m'interdis de t'en vouloir
C'est si cruel de t'ignorer
Et mes efforts pour t'oublier
Te font revivre dans mes pensées.

A quoi ça sert de condamner
Un bateau à rester ancré
Dans le port de l'éternité ?
La mer l'appelle à naviguer…
Et mes yeux pleurent, tout chavirés
Mon cœur échoué reste accroché
A ce rocher tout ébréché…
Cette tendresse, cette douceur,
Parlent sans cesse en ma douleur
Tu as brisé tout ce bonheur
En mille éclats, en mille pleurs
Et je dérive sur l'océan
Aux quatre vents de ton néant…

…/…

…/…

Pourvu que le jour vienne à temps
Ce temps, encore, si impatient…
A quoi ça sert de tout contrer ?
Moi je sais bien qui a gagné…
Si tu devines mon secret,
Ecris la Fin que tu m'auras donnée…

J'ai le cœur en ouragan
Le sang en torrent
Les yeux en pluie
Mais je reste ta vie…

Je retourne le miroir !
J'aimerais tant y voir
Le reflet de l'espoir
Mais le tain vient échoir
Sur un lac de moire...
A une statue d'ivoire
Tu murmures dans le soir
En latin, de mémoire,
Les mots d'une histoire
Sous ce soleil noir...
A l'envers, je veux croire
Que l'endroit pour te voir
Est devant le miroir...
Recto ? Verso ?... Va savoir !...

La nudité du Silence

sait habiller à la perfection

la passion qui coule dans nos veines,

tel un torrent...

AUX QUATRE COINS DU MONDE

Je parcours le monde
D'un verbe à l'autre
D'un chiffre à un autre :
La Terre n'est pas ronde
Et à ses quatre coins
L'aventure fait son chemin…
Il y a ce sable du désert
Où nulle ombre erre
Et les âmes sont sages
De ne croire à ses mirages…
Le monde imaginaire
Est-il d'un blanc polaire
Ou bien juste à l'envers
Comme une lune solaire ?!
C'est libre que sera ce monde
Univers sans seconde,
Sans temps, mais il aura raison
Comme un amour profond…
Viens sur le toit du monde
Toi et moi, en ronde vagabonde…

… CROIX…

Croise les doigts et dis-moi
Que ce n'est pas pour porter chance…
Croise les bras en silence
Ne marches-tu pas dans la patience ?
Croise mes pas, juste une fois
Et c'est la danse qui s'élance…
Croise mon regard et dis-moi :
Est-ce que tu l'oublieras ?

AIR DU TEMPS…

Je ne crains pas la nuit
Ni ses ombres, ni ses bruits,
Ni la tempête et ses vents,
Jouets de l'ouragan,
Mais je crains ta colère…

Je ne crains pas la pluie
Ni la mer révoltée
Explosant sur les rochers,
Ni les torrents déchaînés
Mais les larmes me font si mal…

Je ne crains pas la solitude
Je connais ta quiétude,
Et les mots qu'il te faut,
Même si le silence en dit trop,
Mais je hais ton absence…

Je ne sais que donner,
Douceur, bonheur, sans compter,
Dans mon implacable vérité,
Pourvu que tu sois heureux
Vis pour la vie et fais un Vœu
Le mien importe peu

MON CŒUR SAUVAGE

… Lorsqu'il devient doux et fort à côté
De celui qui a su l'apprivoiser,

… Quand il redevient fauve dès
Qu'il se sent en danger,

Il est ce reflet de ton âme
Le sourire de ton sourire,
Le bonheur de ton bonheur,
La Vie de ton rêve…

EN COULEUR

Sur une page rose
Je dessine une rose,
Une fleur gigantesque
Autour du monde, ou presque...

Sur une page bleue
Je dessine tes yeux,
Cet océan heureux
Où les heures sont des lieux...

Sur une page rouge, ... rien
Je ne dessine rien...
Cette couleur ne sait rien
Des douleurs, des chagrins...

Sur une page mauve
Je dessine une alcôve
Où les amours se lovent
So jazzy, so love...

Sur une page d'or
Je dessine un trésor
La calligraphie d'un sort
Que j'ai peint sur mon corps

Sur cette page-là
Sans modèle, dessine-moi...
Ton crayon tracera
Ce que ton cœur te chuchotera...

… BESOIN DE…

On a besoin d'air pour respirer,
De surprise pour s'émerveiller,
De doute pour progresser,
De musique pour s'évader…
On a toujours besoin de quelque chose pour exister…
Et je n'ai besoin de Rien pour exister,
Juste un peu de… Toi…
Et le bonheur ne me quitte pas…

LA COLOMBE (*histoire vraie*)

C'était une belle colombe
A qui j'ai dû faire une tombe.
Blanche comme la neige
Elle effaçait toute haine.

Je l'avais découverte
Gisant sur le sol gelé.
D'un peu de neige, elle était couverte.
C'était au début, comme un conte de fée…
Je l'ai emportée alors
L'enveloppant d'un grand espoir
« Pourvu qu'elle vive encore »…
Quelle lente mort allait-elle avoir…
Ses reins avaient été brisés
Et une goutte de sang
Perlait sur son manteau blanc.
J'avais pitié… Mes yeux se sont brouillés
Son cœur battait… faiblement…
Allait-elle survivre longtemps ?
Mais vint sa dernière seconde
Sa tête s'était inclinée,
Ses yeux tournés vers un monde
Dans lequel ses ailes lentement se déployaient.
J'aurais tant aimé la voir s'ébattre
Dans l'espace, et aller où bon lui aurait semblé…
Non, elle était là, blanche et tiède encore
Je la regardais et je pleurais.
Tout n'était qu'un réel cauchemar… je pleurais…

Par-dessus la montagne… les nuages…

Par-dessus les nuages… le soleil…

L'amour, tout comme les nuages, ne s'arrête pas à montrer juste sa beauté,
mais il a, à lui seul,
la force et la capacité à toucher le sommet de la montagne,
aussi haute soit-elle…

LE CHARME ?... TOUT UN ART...

C'est un geste discret,
Le regard appuyé,
Anonyme mais ciblé,
Réservé mais osé...
C'est un mouvement
Simplement élégant,
C'est ce pas rassurant...
Tout devient fascinant...

Si le charme fait croire
A ce pur ravissement,
Je serai la subtile histoire
Sous ton charme désarmant,
Et les armes, je dépose
Tels des pétales de rose,
Succombant en résistant
A la force d'un oui, enivrant...
Prisonnière de ton charme envoutant
La vie est un enchantement...

Un jour sans soleil

Une nuit sans étoile

Un feu sans chaleur

Une rivière sans eau

Mais pas une seconde sans toi...

APPRENDRE

On apprend à marcher
A courir, à grimper,
On apprend à se relever
Lorsqu'on est tombé…

On apprend à parler,
A écouter, à chanter,
On apprend à se taire
Le silence est le maître…

On apprend à aimer,
A succomber, pour l'éternité,
Mais on n'apprend pas à mourir…
Alors apprends-moi à vivre, à en rire…

Vous êtes ce papillon
Virevoltant dans le frisson
De la brise fleurie…

Vous êtes ce poisson
Scintillant dans le courant
Que chuchote le torrent…

Vous êtes la tendresse
Sur les pages que caresse
La lecture de ces mots…

J'AIMERAIS…

J'aimerais être cet hiver glacé
Si, sous ton souffle d'étoiles givrées,
Je te faisais fondre en te serrant
Comme un été de vent chantant…

J'aimerais être ce chagrin
Dans ton regard couleur d'azur,
Je panserais chaque blessure
Si tendrement jusqu'au matin…

J'aimerais être ce parfum
Inoubliable, voire divin
Et, ton visage contre le mien
Rêveront du même chemin…

J'aimerais que tu restes là
Tout contre moi et envers tout
Ici le temps ne passe pas
Avec toi,… mon oreiller si doux…

Je me suis enchaînée
A ce jour, à cette heure,
Et je t'ai donné la clef
De cet immense bonheur…

Mi sono incatenata
A questo giorno, quest'ora
E ti ho dato la chiave
Di questa immensa felicità…

INSTINCT

Où est cet instinct
Qui dirige tes pas
Et te fait avancer
Contre vents et marées ?
L'ouragan de mon chagrin
Enfin disparaîtra...

Où est cet animal
Qui cherche le soleil
Et l'eau d'une rivière ?
Les pièges de métal
Ne seront que poussière
A l'aube de ton éveil...

Où donc est ton instinct,
Tes larmes et tes rires ?
Réveille ton destin
Et viens, viens me dire
Juste entre toi et moi
Que la vie est là
Sauvage et passionnée...
Instinct apprivoisé...

Etre seul,

c'est regarder dans le miroir…

et ne rien voir…

LA PORTE

Elle ouvre sa fenêtre
Sur le jour qui va naître
Dans la fraîcheur calme
Du jardin aux mille âmes…

Elle ferme le volet
Au soleil de l'été
Comme on ferme les yeux
Dans le feu d'un ciel bleu…

Elle reste à la porte
Serrant contre son cœur
Son petit porte-bonheur…
Et met… la clef sous la porte…

Si l'amour

est un clin d'œil...

alors je ferme les yeux

sur le temps...

Taillez un cœur dans une pierre
Il durera plus de mille ans
Résistera aux ouragans
Mais ne sera que légendaire

Formez un cœur dans un nuage
Pour faire rêver les oisifs,
Ou mieux : en forme de mirage !
Les oasis sont pour les sages…

Sculptez un cœur dans cette glace
Il fondra au soleil, fugace…
Le découper dans une glace ?
Vous vous verrez là, juste en face !

Taillez un cœur dans cette mousse
Pour éponger tous les pleurs…
Les fleuves ne seront que fleurs
Et les vagues se feront douces…

Je ne sais rien faire de tout ça…
Je mets des mots ici et là
En espérant que leur lumière
Dans ton cœur sera mon humble prière…

… IDEM…

Si le jour et la nuit se confondent à peine
C'est parce que les chaînes
Qui m'entravent sont vaines…
Ton bonheur et le mien sont les mêmes… Idem…

COMME UN MIROIR

J'aimerais être là, devant toi,
Te regarder en silence, comme ça,
Poser la paume de ma main
Contre la paume de la tienne…
Je répondrais à ton regard interrogateur,
A ce petit clin d'œil… ravageur,
Et à ce sourire jamais moqueur…
Je reflèterais ton bonheur…

Un matin tu te surprendrais
Dès que le soleil serait levé,
A chanter et danser
Sur ces chansons oubliées,
Ou encore à bien prononcer
Un discours appliqué…
Peut-être un jour de mélancolie
Tu essuieras doucement sans bruit
Ce visage qui est le tien,
Ce visage qui est le mien…

Qui t'entend et te voit ?
Il n'y a que moi…
Je suis ton double et ton toi-même,
Indivisible de l'invisible,
Sensible et irrésistible…
Il paraît que le reflet même
De notre vie y est visible,
Et parfois perceptible…

Pourquoi les mots ne peuvent-ils pas, comme des papillons, voler dans la lumière et se poser sur ton âme ?...

… alors je lirais doucement pour que jamais nous n'arrivions à la fin du livre…

J'ai marché
Pieds nus sur la grande plage
Comme une âme, un coquillage
M'a tailladé le pied
Tu l'as soigné

J'ai grimpé
A la force des mains
M'accrochant à demain
M'écorchant au destin
Tu as soigné cette main

J'ai volé
En apesanteur
Coloriant de rêves le bonheur
Brisant le cadran des heures
Tu as soigné mon cœur

LOUP

La nuit est tombée… Le bois brûle dans la cheminée, et sa lueur danse sur les murs attiédis… Le doux crépitement rompt la monotonie de la vieille horloge…

Une musique traine dans les sillons d'un disque noir et s'enroule autour des chandeliers… Je relis encore cette lettre, je pense à toi… Dehors la neige a posé son manteau comme un silence sur une histoire trop triste…

La lune se fait cristalline autour des pas posés là…
Mais tu n'es pas là…

J'ai laissé la porte entre-ouverte, me suis enroulée dans cette énorme couverture près du feu… J'ai froid…

Le sommeil m'a abandonné dans la clarté de la lune… Tu n'es pas venu… J'ai hurlé en la regardant… Me croiras-tu si je te dis que les larmes ont coulé ?
Où es-tu ? Où… où…

Si l'attente est un silence imposé,
Un geste immobilisé,
Et qu'on est tenté de briser,
Alors la patience
Saura en toute délicatesse, nous guider…

« RESTE »…

J'ai adoré t'écrire
J'ai adoré te lire
J'ai adoré te ravir
J'ai adoré ton rire
J'ai adoré tes désirs
… mais je ne veux pas que tu sois cet indescriptible soupir que tu ne peux retenir lorsque tu regardes l'heure, comme une larme qui va mourir,
… Je ne veux pas que tu sois un souvenir…

… Dessine-moi un sourire…
 … un éternel sourire…

RAISON…

Elle s'en allait sur ce chemin
Musardant en quelque direction
Hasardeuse d'une réflexion
Qui naquit là, ce matin…
Ses pieds à peine se posaient
Sur le sol de pierres jonché…
Qu'il soit de feu ou bien gelé,
Rien, jamais, ne l'arrêtait…
Parfois la mauvaise destination
Aurait brûlé ses ailes de papillon
Mais pour rien au monde son chemin
Ne sera autre que le tien…

Une vie comme une étoile…

Celle que j'ai dessinée là, et que tu vois… puis celle qui est dans tes yeux,
… et un jour celle qui sera dans le ciel…

PEUR

Tu peux craindre l'orage
Les éclairs ou le vent
Les frasques de l'ouragan,
Mais tu restes l'otage
… de la peur…

De l'animal sauvage
Tu fuiras le tatouage,
Son poison diabolique
Fera ton rêve séismique
… mais ce n'est pas la peur…

Tu peux toujours te battre
Fragile comme un albâtre,
Ou bien ne pas combattre
Et fuir à quatre pattes
… mais ce n'est pas la peur…

La peur, elle est en toi
Un poignard planté là
Immobile et si lourd
De l'aller sans retour.
Tu ne l'apprivoises pas
Elle ne s'explique pas…

…/…

…/…

La peur,
Tu te la prends de face
Et le sang, elle te glace,
Figé et pétrifié,
Tu ne peux résister.
En un mot elle t'enchaine
Sans une once de haine…

La peur,
Invisible bourrasque,
Tu sauras lui faire face !
La vie, c'est la mer déchainée
Qui sourit sur la plage calme retrouvée…

NŒUD

Elle a croisé son regard...
Etait-ce un hasard
Dans le chaos de la foule ?
Enroulés dans la houle
Les doigts entrecroisés
Se sont soudés, lacés,
Les cœurs mêlés, serrés,
Sont noués sur l'Eternité...

UNE HISTOIRE

Si c'est une question d'honneur
Un duel sans retour et sans peur
Une force construisant un royaume
…C'est une histoire d'Homme…

Si c'est une question d'instinct
La force d'un sentiment certain
Les mots tendres d'un dictame
…C'est une histoire de Femme…

Si c'est une question de cœur
La douce vérité dans sa splendeur
Depuis la nuit, jusqu'à demain, ce jour
…C'est une histoire… d'Amour…

Rien de tel que l'immobilité de l'ennui
Pour entendre le silence voler
Entre son âme et ce monde parfait...

Rien de tel que la Vie de la Vie
Pour comprendre les silences et les bruits
Dans ton regard qui me suit...

PLUS RIEN

Plus rien que la brume du matin
Où je marche d'un pas incertain
Les mains vides, la voix sans refrain
Comme un funambule sur son filin...

Plus rien que le désert brûlant
Où dorment les sables mouvants
Des roses de pierre de mille ans
Cadeau des cieux ou jeu du vent ?

Plus rien qu'une porte fermée
Où aucun poing ne vient cogner
Plein de tristesse ou de pitié...
J'en ai d'ailleurs jeté la clef...

Plus rien, ni le jour, ni la nuit
Puisque toute heure est insomnie
Et ce temps qui s'en va, menteur,
En lui promettant le bonheur...
Plus rien, je ne crois plus à rien
Si ce n'est qu'à mon cœur... et au tien...

Pour le dire
Il faut une musique, une voix, une voie
Pour l'écrire
Il faut une feuille de soie, de soi
Pour le lire
Il faut un tendre cœur, attendre l'heure,
Pour se souvenir
Il faut un sourire, un penseur... le bonheur...

JE T'ATTENDS

Je t'attends sans rien dire
Sans rien dire, sans rien dire…
N'écoute pas ce soupir
C'est la nuit qui s'étire
Au chant du doux Zéphyr…
Je t'attends sans rien dire
Sans rien dire du désir
De briser, d'interdire
Ce temps qui ne veut pas fuir…
J'attends, là, sans rien dire
Que tu veuilles t'endormir
Et que ton rêve vienne m'offrir
La paix sur un sourire…
Je t'attends sans rien dire
Sans rien dire, sans vouloir en guérir…

COMME UN ENFANT

Comme un enfant qui a besoin d'un sourire
Qui tend ses bras pour le simple plaisir
D'entendre ta voix lui dire
Des mots qui le font rire...

Comme un enfant qui a dans le cœur
Un ouragan couleur de mille fleurs
Et qui ruissèle en toute splendeur
De ses grands yeux baignés de candeur

Comme un enfant qui cherche en vain
Où commencent hier et demain
Quelle est cette vie, quel est ce destin,
Qui a dessiné les lignes de sa main ?...

Comme un enfant, tout petit enfant
Je t'offre ma vie très innocemment
J'ai tant besoin de toi
Pour comprendre la vie... apprends-moi...

Un sourire de toi sur ma Vie

et le soleil est là,

à me réclamer la vie,

parce que la vie

nous appartient…

AINSI SOIS-TU...

Va comprendre cette Femme
Qui te parle de tendresse
De sourire, de caresse...
Va comprendre ce dilemme
Elle qui ne te demande rien
Rien qu'un peu de ta vie
A partager, et rien d'autre, rien,
Avec celui qui se dit Toi... ainsi...

Va écouter cette idole
Qui t'entraine sur ses chemins
Et ces rêves que tu voles
Aux anges de demain,
Va savoir dans ses pensées,
Ce qu'elle pense de toi
Elle ne voit nul danger
Lorsque ça vient de toi
Mais elle te vengera
De qui te blessera...

Va comprendre cette Femme
Qui, sans limite, t'aime...
Tu te dis Homme... Ainsi sois-tu !
... Mais c'est toi qui l'auras voulu !...

Sur le cadran solaire de ma vie
Il y a le Nord à perte de vue
Le Sud, sous le soleil, nue,
Il y a l'Est au bout de mon doigt, d'un côté
Et l'Ouest sur l'horizon, à l'opposé
Mais surtout, il y a toi… Zénith de ma Vie…